LETTRE

DE

LA GIRAFE

AU PACHA D'ÉGYPTE,

POUR LUI RENDRE COMPTE DE SON VOYAGE
A SAINT-CLOUD,

ET ENVOYER LES ROGNURES DE LA CENSURE DE FRANCE AU
JOURNAL QUI S'ÉTABLIT A ALEXANDRIE EN AFRIQUE.

..... De sorte qu'après tant d'épreuves de leur faiblesse, ils ont jugé plus à-propos et plus facile de censurer que de répondre, parce qu'il est bien plus aisé de trouver des moines que des raisons.

Pascal, *IIIe lettre provinciale.*

PARIS,
A. SAUTELET ET Cie, LIBRAIRES,
PLACE DE LA BOURSE.

12 Juillet 1827.

ERRATA.

Page 3, lig. 15, au lieu de *elle rage*, lisez : *elle fait rage*.
—— lig. 17, au lieu de nous *n'étions*, lisez : *nous n'étions nés*.
—— 11, lig. 7, supprimer le — qui précède la phrase : *et ce que j'entends dire des La Rochefoucault*.
—— 15, lig. 20, au lieu de *partisans de l'Hellénie*, lisez : *partisans des chrétiens de l'Hellénie*.
—— 20, lig. 16, M. *de Silans*, lisez . M. *de Silence*.
—— lig. 23, *pour lui*, lisez : *sur lui*.

LETTRE

DE

LA GIRAFE

AU PACHA D'ÉGYPTE.

Paris, du Palais des bêtes ou Ménagerie royale, ce mardi, 10 juillet 1827.

Bon Prince,

Mon voyage est terminé. J'arrive de la cour : c'est un pays que je sais déjà par cœur, et j'ose croire que je ne sais pas moins bien la France. Car je vois de loin et de haut, c'est-à-dire plus vite et mieux que les observateurs vulgaires. Si quelque chose pouvait me faire prendre en vanité cette grandeur de proportions, cette portée de regard que tout le monde m'envie, ce serait l'expérience que j'ai faite ici de mes avantages. A peine ai-je traversé ce beau royaume, et des gens qui y ont pris naissance, qui même l'administrent depuis plusieurs années, sont loin de le connaître aussi bien que moi.

Il faut même le dire : c'est une chose fort extraordinaire que la perfection de désaccord qui règne entre la France et l'autorité. Quand la première dit blanc, l'autre dit noir. Quand l'une veut ceci, l'autre veut cela. Il faut que ce soit une gageure, pour que vivant ensemble, sous le même soleil, dans les mêmes cités, on ne se rencontre pas quelquefois ; et s'il y a gageure, le jeu est admirablement conduit. On ne dit pas ce que les parieurs comptent gagner.

Un voyageur qui parcourt la France est heureux de posséder deux oreilles. Ce n'est pas trop pour recevoir tant de confidences contraires. Quand le mot de liberté, de charte, d'industrie, de morale, entrent par l'une, on peut être certain que ceux de censure, de droit d'aînesse, de monastères, de loteries, de congrégations, de pouvoir absolu, entrent par l'autre. Dans les premiers temps, j'en avais la tête perdue.

Cette différence n'est pas seulement dans le langage ; on la retrouve dans la contenance, dans le port, dans l'air de visage, dans les penchans, dans les moeurs. Ceux-ci se tiennent droit, ont le regard doux et fier, l'esprit à la fois vif et appliqué, les mœurs simples, l'habitude du travail, un grand soin de la paix publique, un grand amour des lois. Ceux-là ont une attitude équivoque et changeante, un œil inquiet, une conversation sans lumière, une existence désœuvrée; et cependant ils travaillent, mais travaillent à détruire. Un fouet à la main, ils essaient d'émouvoir ce peuple industrieux, de le distraire de ses pacifiques labeurs ou de ses méditations fécondes, de le jeter dans la poursuite des choses nouvelles et dans l'ardeur des combats. Ces petits êtres, vides et chétifs, sont d'opiniâtres novateurs; ce sont d'intrépides guerriers affamés de guerres intestines; la nation au contraire est entêtée de repos et de stabilité. La fourmilière a en antipathie tout ce qui est debout. Elle rage pour essayer de vivre dans le temps où aucun de nous n'étions. L'entreprise est difficile; car le temps n'est pas un chariot qu'on enraie et qui revienne sur ses pas. Aussi la nation s'en tient-elle à la vieille méthode de le laisser poursuivre sa route en ne marchant ni plus vite ni plus lentement que lui. De quel côté est le bon sens?

Avant de bien démêler tout ceci, je m'étais appliquée d'abord à rechercher de quel côté était le bon droit; car dans un procès, ce qui intéresse, c'est de savoir où est la justice. Ma conscience de Girafe pour être à son aise, avait besoin d'être fixée sur ce point. Mais quand je demandais aux deux partis leurs titres, les uns pour toute réponse me montraient les nuages ; les autres me montraient la terre, et, parmi eux, les plus réfléchis me montraient à la fois et la terre et le ciel.

Cette solution n'était pas très-décisive. Comme je cherchais à la comprendre, un nom célèbre frappa mon oreille, le nom de ce pèlerin des saints tombeaux, de ce chantre des déserts qui doit être également chéri de la chrétienté qu'il glorifie, et des contrées lointaines dont il a conté les merveilles. Sa renommée s'élève autant au-dessus des renommées littéraires, que mon front au-dessus du front étroit et ridé des comtes de Villèle et de Corbière. Je vis que sa gloire était importune à tout ce qui portait la livrée du pouvoir, que partout ailleurs on l'invoquait avec orgueil. Ce fut pour ma sagacité un trait de lumière. J'écoutai sur la route, et entendis ce peuple dont le cœur bat pour tout ce qui est grand et noble, parler de ses poètes, de ses savans, de ses historiens, de ses publicistes, de ses guerriers, de ses hommes d'état illustres. Aussitôt de demander quelle était leur bannière. Toujours même réponse : « avec nous, » disait la foule, et je n'en pouvais douter ; car les habits brodés ajoutaient d'un air de triomphe : « avec eux ! »

Voilà qui est bizarre, pensais-je à part moi. Dans le Sennaar, les conseils s'entourent des plus habiles, des plus actifs, des plus diserts, des plus renommés de la tribu ; en Égypte, les plus savans sont aussi les plus honorés : pour eux, est la richesse ; pour eux, le pouvoir. De quelque nation qu'ils soient, le ministère du pacha les accueille. On a hâte de les mettre en valeur et en lumière. Comment se peut-il que dans cette France, dont la culture est vantée de par tout l'univers, il y ait pour chaque talent un choc, pour chaque illustration une disgrace? C'est donc ici le monde renversé.

A mesure que je m'enfonçais au cœur du royaume, il m'a été plus difficile de révoquer en doute cette singulière unanimité de tous les hommes supérieurs ; et, je l'avoue, je suis portée à croire, par je ne sais quel instinct plus fort que moi, qu'il est difficile de supposer l'intelligence généralement égarée. Il me semble que ceux qui pensent doivent être les bien-pensants. Mon respect pour la raison humaine me dit que là où sont l'esprit et la gloire, là aussi doit être la justice.

J'ai poursuivi mon examen. Tous les corps

littéraires, toutes les compagnies savantes faisant évidemment cause commune avec le pays et ses grands hommes, j'ai songé qu'il y avait peut-être cabale entre tous les écrivains, tous les penseurs, tous les doctes du royaume, et je me suis tournée vers les puissances politiques. « Pour qui sont les magistrats? » Tout d'une voix, le peuple a crié : « Pour nous. » Les autres ont ajouté avec un soupir : « Maintenant! » — « Et ces magistrats « héréditaires que vous appelez la pairie? — « Pour nous, pour nous, » a crié encore la foule. Les habits brodés ont ajouté avec un sourire plein d'espérance et d'ironie : « Maintenant! »

J'allais de surprise en surprise. Ici tous les travaux, toutes les lumières, toutes les célébrités, toutes les forces; là... « Sans doute, ai-je « dit, en me tournant vers l'un de ces derniers, « ce divorce entre vous et les supériorités natio- « nales n'est qu'une infirmité passagère. Ce n'est « pas une maladie qui tienne au fond de votre « tempérament. Tous ces hommes sont l'orgueil « de votre patrie; vous leur tendez la main pour « les ramener à vous. » — « A Dieu ne plaise! « l'inimitié de l'esprit, de la raison, de la science, « fait notre joie, et Dieu sait que notre joie est « grande. » — « Du moins, vous cherchez à leur

« opposer un peuple éclairé, sage, riche, en pro-
« pageant, comme fait le pacha mon maître,
« l'instruction populaire. » — « Le ciel nous en
« préserve! Voyez-vous cette école qui a porte
« close? Nous l'avons fermée. Regardez ce cou-
« vent de capucins, celui-ci de trappistes, celui-là
« de charitains, cet autre de lazaristes, cet autre...
« nous les édifions. » — « Je comprends; vous
« donnez tous vos soins à la propagation des
« bonnes mœurs et des bons exemples. Puisque
« ce n'est pas au talent que sont réservées vos
« faveurs, c'est que vous les gardez pour la
« vertu. » Une foule de cris confus m'interrompirent; celui-ci dominait tous les autres: « Ils
« frappent l'homme de bien vivant, et brisent
« sur le pavé son cercueil. »

A ces mots, je fis un bond qui ébranla le drapeau suspendu au frontispice d'une cathédrale devant laquelle je passais. « Malheureux!
« m'écriai-je, voulez-vous donc soulever contre
« vous l'opinion du monde entier? » — « L'Opi-
« nion! mille bombes! d'où venez-vous? » me dit en jurant comme un mameluck un exempt de police qui me tourmentait depuis une heure pour m'affilier, au prix d'un sou par semaine, à ce qu'on appelle ici la congrégation; « l'Opi-
« nion, poursuivit-il, a été traitée comme M. de

« Châteaubriand, M. Hyde de Neuville, M. de « Montlosier, M. de Doudeauville, M.... M.... « Elle est sous la remise, votre Opinion, que le « tonnerre écrase ! Nous l'avons destituée. » — « Pardonnez à mon sens borné de Girafe de « Sennaar ; mais je ne saisis pas.... » — « Hé « bien, nous avons décidé que l'opinion n'était « plus qu'une méprisable prostituée. » — « A « ce compte, repris-je, pourquoi ne vous en as- « surez-vous pas ? Serait-ce que votre probité se « refuse à faire de l'or un tel usage ? Franche- « ment, je ne le pense pas. Vous m'avez l'air de « ces roués de mauvaise compagnie qui, chez « vous, m'a-t-on assuré, disent beaucoup de « mal des femmes quand ils n'ont pu les cor- « rompre. »

L'entretien fut brisé. Je rentrai en moi-même, et repassant tout ce que Votre Altesse a daigné m'apprendre de l'histoire de ce royaume, je me suis demandé si toutes ces choses extraordinaires et inexplicables ne tenaient pas à quelque combinaison mystérieuse des partis, si par hasard la révolution qui a remis les petits-fils du glorieux sultan saint Louis sur le trône, n'aurait pas eu l'accident d'être repoussée par tous les gens d'esprit, tous les gens de bien, tous les grands ministres, par tous les grands capitaines dont le nom est encore empreint dans les sables du désert et retentit aux pieds des Pyramides. « Pas le moins du monde, » m'a-t-on dit, et on m'a cité en foule les noms considérables : ceux-ci ont fait la restauration, ceux-là l'avaient préparée, tels et tels l'ont défendue, l'ont servie. — « Et où sont-ils ? » — « Avec nous ! avec nous ! » Mes gendarmes, en brandissant le sabre, m'ont dit en effet : « Avec eux ! avec eux ! »

Le lendemain de mon entrée dans cette capitale, j'ai reçu la visite d'un bout d'homme, l'un des cornacs de ce parti qui a évidemment perdu le sens. Je l'ai pris par un cordon énorme pendu après sa grêle personne, je ne sais à quel dessein ; je l'ai planté sur le toit de mon orangerie pour lui parler à l'oreille, et nous avons eu la conversation que voici : — « Mon petit monsieur, Votre « Excellence me fera-t-elle l'amitié de m'expli« quer sa politique ? Je ne suis qu'une Girafe, et « c'est apparemment ce qui fait que je n'y com« prends rien. » — « Ma politique est si simple que « vous devriez l'entendre. La France aime la di« vision des propriétés ; nous lui offrons les sub« stitutions, l'exhérédation des femmes, l'exhé« rédation des puînés, et tout ce qui s'en suit. « Elle aime les lettres, les arts, les sciences, les « découvertes utiles, tout ce qui élève et améliore

« les nations ; nous proscrivons tout cela. Elle « aime la liberté de conscience, et nous lui don- « nons le sacrilège ; la liberté des élections, et elle « a nos circulaires ; la liberté de la presse, et voici « venir la censure. Elle aime l'honneur national, « nous lui ferions passer le goût du pain, plutôt « que le goût de la gloire ; mais au moins ferons- « nous si bien que ce soit une passion platonique « et malheureuse. Elle aime aussi son roi, et ce « n'est pas notre faute si nous n'y avons pas déjà « mis bon ordre. Enfin elle aime par-dessus tout « le repos ; si elle s'entête à ne pas démarrer, « l'ancrage lui coûtera cher. Car, de par tous « les saints du Paradis !... »

« Mais, monseigneur, autrefois il était de « principe, ce me semble, que les gouverne- « mens faisaient cas de l'adhésion et de l'amour « des peuples. » — « Ah bien oui ! nous avons « changé tout cela. » — « Autrefois aussi les « gouvernemens tenaient à perfectionner les « sujets, à les rendre meilleurs, à s'approprier « l'éclat des travaux de la pensée. » — « Changé, « vous dis-je, changé ! » — « Autrefois encore « les gouvernemens avaient des palmes pour les « jeux et les combats de l'esprit ; ils honoraient « les écrivains. » — « Nous autres, nous leur « faisons faire à Poissy des sabots, ou les accou-

« plons à des forçats. » — « Dans tous les temps, « les gouvernemens se sont entourés de toutes « les illustrations ; ils comptent la vertu comme « l'égale de la grandeur ; ils s'applaudissent de « voir l'une et l'autre réunies, rien ne conciliant « mieux aux classes élevées ces boulevards de « la paix des états, les respects publics. » — « Et ce que j'entends dire des La Rochefou- « cault.... » — « Dieu me pardonne ! Il n'y a « plus d'enfans par le temps qui court : une Gi- « rafe de deux ans et demi, parce qu'elle a douze « pieds de haut, croit pouvoir traiter des af- « faires publiques, et dans quel langage, celui « des jacobins qui nous désolent, celui du centre « droit de nos assemblées ! Encore une fois, jeune « étrangère, tout cela est changé ! » — « Une der- « nière observation. Avec ce système, vous êtes « tout seuls. » — « Absolument, sauf Rothschild, « Madrolle et Dudon. » — « Et s'il survient une « guerre, une peste, une disette ? » — « Ceci... « nous n'y avons pas pensé : alors comme alors. » — « Si la nation vous maudit, si sa haine una- « nime..... » — « On y a paré ! La censure. » — « J'entends ; pour vous, la solitude, c'est la force, « et le silence, c'est la gloire ! »

Une vive discussion s'ensuivit. L'habile homme me fit voir que le génie des affaires consistait à gagner le but, et que le but qu'il se proposait étant un tour de force curieux, celui d'aller tout seul contre tous, il était en bon chemin ; il avait repoussé des approches du trône toutes les notabilités, puis tous les corps, puis Paris en masse, puis, pour en finir, il avait souhaité que la France n'eût qu'une tête, afin qu'un seul coup... Et il avait accompli son rêve, car la France avait eu la langue brûlée avec le fer rouge de la censure.

Je m'éloignai. Mon cœur oppressé avait besoin d'aller voir ce bon peuple qui se pressait pour me contempler, race affectueuse et patiente que l'ennui d'une longue atteute n'avait point irritée, qui me payait par des transports d'allégresse du bienfait de ma présence. Tout ce que j'avais entendu m'était resté dans l'esprit comme un mauvais rêve ou comme un remords. Il me sembla que je n'avais pas touché la corde sensible, et je retournai à mon homme d'état, toujours perché sur le toit où je l'avais planté. Il a tellement coutume de prendre racine où on le pose, qu'il était là cloué malgré lui. Pour employer le temps, il entretenait l'ours Martin d'urbanité, l'homme des bois de dévotion, et le renard d'agiotage, tout en instruisant une perruche qui lui était tombée sous la main à crier sous le bâton : Je suis libre, libre, libre !

« Encore un mot, lui dis-je. N'aurez-vous pas « des scrupules de si mal employer le temps de « tout un peuple? Tout ce que vous faites n'est- « il pas contraire à une grande promesse qu'on « appelle la Charte? De bonne foi, l'avez-vous « comprise ainsi, quand elle fut donnée? Etait- « ce ainsi que la comprenaient les Français, « quand ils la reçurent; et croyez-vous que Dieu « ne fasse nul compte des sermens! Bon, répartit- « il, vous êtes bien naïve, fille du désert. Votre « maître a promis au mien une Girafe. Nous « avons pu croire qu'il enverrait un enfant de « Sennaar, libre comme le condor, agile « comme la gazelle, point du tout; quatre nè- « gres vous mènent par le nez avec des câbles « vigoureux. Un collier solide achève de ré- « pondre de vous. Vous êtes enfin muselée et « garrottée en conscience. Cessez-vous d'être « la Girafe? Il en est de même de la Charte : « avec ou sans baillon, c'est toujours la Charte. « Voilà ce que les gens qui savent le latin ap- « pelent un argument *ad hominem*, ou plutôt « *ad Girafam*. »

Mon innocence était abasourdie, comme l'avait été auparavant mon bon sens; et apparemment l'ébahissement d'une girafe est quelque chose de fort récréatif; car mon interlocuteur fut pris d'un fou rire qui manqua rendre un grand service à la France. Cependant le petit homme ne tomba que sur les épaules de son cocher; il s'y établit se croyant à cheval sur un nègre de Bourbon, et ses chevaux emportèrent le tout loin de la Ménagerie.

Il y a sûrement, mon prince, de quoi occuper long-temps vos sublimes méditations. Tout ce qui se voit ici ne s'était jamais vu sous le soleil; et si quelque chose peut se comparer à la déraison ministérielle, c'est la sagesse publique. L'Egypte, où votre génie s'applique uniquement à perfectionner et affermir, est loin du calme profond de ce royaume fatigué des assauts d'une politique subversive. Les uns ont beau être insensés, les autres ont juré d'être plus patiens encore : c'est la guerre du marteau et de l'enclume, la guerre de la lime et de la vipère.

Au milieu de ces silencieuses hostilités, j'ai fait un miracle. Votre Altesse ne me destinait qu'à servir de lien entre l'Egypte et le ministère de France. Je me suis trouvée, comme une sorte de trait d'union majuscule, rapprocher un moment le pays et son ministère. Ces voix si discordantes se sont confondues pour célébrer mes louanges. Des deux côtés, on m'a également prodigué des hommages. Les dissensions ont cessé ; vous auriez dit le *virum quem* dont l'aspect impose silence aux orages, tant il est vrai que les hommes, quelles que soient leurs pensées, sont toujours prêts à reconnaître l'empire de la véritable grandeur !

Le gouvernement français a fait voir par ses égards pour moi le prix qu'il attache à votre alliance. Une escorte d'honneur, prise dans les troupes qui sont le plus chères au pouvoir, dans les gendarmes, a partout gardé ma personne. J'ai vu le moment où les autorités allaient me traiter de hautesse ; en me faisant leur cour, elles avaient la galanterie de murmurer sans cesse autour de moi le nom d'Ibrahim-Pacha, et de célébrer les victoires de votre illustre fils sur les religieux, les femmes et les filles du Péloponèse. Mes premiers regards, en touchant le rivage, ont rencontré les traits d'un procureur de S. M. très-chrétienne, qui disait naguère en plein tribunal, que, sur cent chrétiens de France partisans de l'Hellénie, il y avait *nonante-cinq mauvais sujets*. Ce magistrat n'a-t-il pas plus que nonante-cinq fois des titres pour être compté au nombre des sujets et des esclaves fidèles de votre pachalitz ? Peut-on douter que le ministère français ne le maintienne à Marseille, aux bords de la Méditerranée, comme pour rapprocher et confondre par ses bons sentimens les deux rivages?

À peine arrivée dans les murs de Paris, j'ai eu, suivant l'expression des journaux censurés, l'honneur d'être présentée. Je l'ai été à Saint-Cloud, lieu de plaisance où se pressaient, il y a peu d'années, les ambassadeurs du monde vaincu. Je n'ai pas été précisément traitée comme les membres du corps diplomatique. Les secrétaires rédacteurs du château m'ont même appelée, dans les notes officielles, *le cadeau* du pacha d'Egypte, comme on eût dit d'un cachemire ou d'une cassolette. Mais de grandes avances m'ont été faites; et si on ne m'a pas envoyé les carrosses de la cour, c'est sûrement parce qu'il était facile de comprendre qu'un équipage bon pour M. le bailli de Ferrette ou M. le comte d'Appony ne saurait suffire à la Girafe. Un grand développement de force armée a illustré ma marche. On a fait plus. Le ministre de l'intérieur a écrit aux professeurs du Jardin du Roi qu'ils auraient l'honneur d'être reçus *à l'occasion* de la Girafe. Votre Altesse sentira tout ce que cette expression avait de délicat et de courtois pour ma dignité. On ne pouvait mieux rappeler aux savans le rang que je tenais au milieu d'eux dans l'estime de Son Excellence. C'est à moi qu'ils avaient obligation de son épître, à moi qui, députée par le pays d'où la civilisation partit autrefois, d'où elle aura peut-être, dans un demi-siècle, à partir encore pour venir de nouveau défricher et polir les Gaules, devais me montrer aux regards de la cour avec un cortège d'académiciens et d'érudits. Les ministres peuvent ne s'entourer que de gendarmes.

Quoiqu'on eût annoncé que je voyagerais de nuit, apparemment parce que Leurs Excellences ont leurs raisons de propager cette méthode, j'ai eu à fendre les flots d'un peuple nombreux ; et comme les hommes croient toujours à la puissance des grands de ce monde, une foule de pétitions m'ont été remises, ou plutôt, suivant l'usage, ont été remises à l'un des écuyers ou des savans de la suite, qui ne les a, suivant l'usage encore, exhumées de sa poche que ce matin, lorsqu'il était trop tard. J'ai lu avec une sensibilité profonde un placet ainsi conçu :

« Illustre bête, vous qui devez à votre élévation le rare avantage de pouvoir porter la vérité sans intermédiaire à l'oreille des rois, priez pour nous. »

« Géant de Sennaar, vous qui avez vu la solitude et la stérilité dans les contrées sauvages, la misère et le désespoir dans les contrées bar-

« bares, le meurtre et la rébellion dans les con-
« trées esclaves, priez pour nous. »

« Phare des déserts, vous dont l'œil plein de « feu a brillé sur les ruines de Thèbes et sur les « sables qui battent les Pyramides, vous qui sa- « vez ce que l'oppression peut faire d'un grand em- « pire et de ses magnificences, priez pour nous. »

« Merveille de la création, vous qui vous « êtes croisée sur les mers avec nos sciences et « nos arts retournant dans la terre d'Egypte; « vous qui nous arrivez en échange et en dé- « dommagement de tous ces biens, priez pour « nous. »

Une pétitionnaire comme la France mérite d'être écoutée. J'aurais fait droit à sa requête s'il eût été temps encore. J'ai pu du moins me refuser à tremper dans ses douleurs. Voici le fait :

Les ministres de ce pays ont un secret qui est à eux, celui de faire mal le mal même. Ils savent infliger l'esclavage de la presse à une nation qui s'en indigne comme d'un parjure et d'une injure; ils ne savent pas nommer les censeurs. Cette affaire passe la portée de leur habileté. Ils ont la main si malheureuse, que, sur six ames damnées qu'ils croient prendre, trois ou quatre d'Orthez se rencontrent qui refusent de faire sur les lettres l'état de bourreaux. Durant six jours, le comité des six n'a été que de deux membres. Dans sa désolation, le ministère a eu la pensée de recourir à moi. Des insinuations m'ont été faites pour la cession de mes quatre nègres, qui, ne sachant ni lire ni écrire, ni parler français, auraient fait à merveille l'affaire de la police. Je suis personne trop diplomatique pour n'avoir pas compris la délicatesse de ma position, et loin d'opposer un refus cathégorique aux sollicitations des affidés du comte de Corbière, j'ai répondu par une offre d'échange. Je lui accordais mes quatre esclaves pour un des siens. Celui que je prétendais avoir est un certain M. de Lourdoueix (on prononce, en français, lourd doigt ou lourdeoie), homme d'esprit et de talent, qui a le malheur d'être le chef des muets de la littérature et en quelque sorte des eunuques noirs de la pensée. Tout le monde gagnait à ce marché ; je le délivrais de son office. Il délivrait de lui la presse, et sa conversation eût charmé mes loisirs en me contant les folies du siècle. Je ne pouvais savoir mieux que de lui celles de la faction qui désole la France.

Vous, grand pacha, qui civilisez tandis qu'ailleurs on *barbarise*, vous qui instituez des journaux comme en France on en détruit, vous ne soupçonneriez pas que les joies de la censure aient suscité dans le conseil de graves et longs débats entre le garde des sceaux et le ministre de l'intérieur. Bien a pris au dernier d'être plastronné d'elzévirs ; car le fleuret de Thémis est redoutable. Les deux ministres ont fini par se partager à l'amiable la nouvelle exploitation. J'ignore si c'est dans la balance de la justice que ma proposition a été pesée ; mais enfin le bassin de M. de Lourdoueix a tout emporté. Je ne le possède point pour cornac, et je garde mes gens. Il est arrivé de là que toutes les places vacantes n'ont pu être remplies. Seulement un employé sans emploi et un secrétaire de la chambre des députés se sont précipités, comme d'autres Décius, dans les honneurs et les appointemens de la censure. Le dernier, M. de Silans, a des fonctions qui ne pouvaient se concilier avec sa nouvelle tâche. Mais on suppose que toutes les considérations ont dû céder à l'à-propos de son nom.

Il m'est advenu de tout ceci un chagrin : la police avait mis un de mes nègres dans la confidence de ses projets pour lui. Quand ce malheureux a compris de quoi il s'agissait, quand il a su que la liberté d'écrire était ici dans les mœurs et dans les lois comme en Turquie la liberté de prier Dieu, qu'il était menacé de concourir à l'abolition des coutumes et des franchises nationales, qu'il aurait la tâche, non plus de présenter le cordon à des cous charnels, mais d'étrangler des pensées, de tenir les ciseaux suspendus sur la raison humaine, sa pauvre tête en a tourné; il se croit toujours descendu de mon service à ce vilain métier, et dépérit à vue d'œil. Les journaux censurés ont annoncé qu'il avait le mal du pays. Alors la France est atteinte du même mal; car elle aussi voudrait rentrer sur le sol de la Charte; elle aussi soupire après les oasis de la liberté.

Quoi qu'il en soit, à quelque chose malheur est bon. Le soin que vous m'avez confié d'alimenter le journal d'Alexandrie me sera plus facile. Je n'aurai qu'à vous transmettre les rognures de la censure de Paris, les nouvelles, les réflexions qu'on ne peut même pas présenter à ses ciseaux; et, de cette façon, notre Afrique s'enrichira des pertes de la France.

J'envoie à Votre Altesse un numéro tout rédigé qui devra arriver en ses libérales mains vers la fin de l'autre mois. Puissent les Français obtenir la permission de s'abonner aux gazettes de nos déserts pour savoir ce qui se passe dans leur patrie! Il y a long-temps qu'on sait que c'est de l'Orient que nous vient la lumière.

Les tout petits hommes qui brandissent ici leurs tout petits bras contre tout ce qui vous est cher, illustre pacha, contre les arts, les sciences, l'industrie, n'ont encore su que populariser l'académie, la magistrature et la pairie, enraciner la Charte dans les cœurs, émanciper les noirs d'Haïti, et sanctionner l'émancipation du Nouveau-Monde. J'espère que leur censure n'aura servi qu'à propager le goût des journaux jusque chez mes frères de Sennaar.

Je suis, prince, avec un haut dévouement et une non moins haute fidélité,

Votre grande admiratrice
et servante,

GIRAFE de Sennaar.

JOURNAL LIBRE

DES AFFAIRES

POLITIQUES ET LITTÉRAIRES

D'ALEXANDRIE EN AFRIQUE.

Numéro du 1 septembre 1827.

Alexandrie, le 31 août.

Nous recevons les journaux anglais du 29 juin. L'établissement de la censure en France était alors connue à Londres. Les réflexions les plus sévères pour le caractère national des Français et pour les sentimens de la maison royale se rencontraient dans les colonnes des feuilles les plus accréditées. Le *Times*, dont on connaît les relations avec le ministère, s'exprimait dans des termes que nos sentimens ne nous permettent pas de transcrire. Nous ne traduirons que les lignes suivantes, pour donner une idée de la façon dont les fautes ministérielles peuvent calomnier un peuple et ses princes près les nations étrangères.

Londres, 28 *juin*.

Le rétablissement de la censure en France nous paraît la mesure à la fois la plus intempestive et la plus impolitique qui pût être adoptée par les chefs d'une nation intelligente et fière. C'est proclamer à la face du monde des dangers qu'il est du premier intérêt du gouvernement de cacher... La puissance défensive de la vérité et de la loyauté, quand il y a un zèle égal, est hors de toute comparaison plus forte que les traits du mensonge et de la malignité. Que veulent faire les ministres français, et que s'imaginent-ils *pouvoir* accomplir, en condamnant ainsi les organes de l'opinion au silence? Ils empêchent le public de faire connaître ses sentimens par de certaines voies; mais ils n'étouffent pas ces sentimens eux-mêmes. Les passions seront-elles assorties ou exaspérées par la violence exercée contre le pays, et plus spécialement par les motifs de cette violence qui semble un aveu d'effroi? Si on ne peut exprimer ses pensées tout haut, se soumettra-t-on à ne pas parler du tout? Non sans doute; on s'abandonnera, dans le secret de la vie domestique, à des impressions dont la force se serait évaporée à la surface..... Ceux qui auraient élevé la voix pour l'amour de la gloire, pour l'intérêt public, pour mille motifs, tous d'accord avec l'intérêt, la paix de la société et la sécurité de l'Etat, que feront-ils maintenant? Ils gémiront sur l'esclavage de la pensée; ils s'entretiendront en secret avec ceux qui, animés comme eux par un sentiment d'humiliation et un désir de vengeance, leur persuaderont d'agir au lieu de se borner à parler. Il n'y a pas de doute que la désaffection et l'inimitié pour le pouvoir du sacerdoce se propageront au sein de la France. Un coup de force, tenté pour arrêter ces ravages, aura-t-il pour résultat d'y mettre un terme ou de les étendre. La question ne serait pas douteuse, si on avait affaire au caractère anglais.....

Ces réflexions se terminent par des expressions injurieuses pour le caractère national et pour l'esprit public des Français.

SUISSE.

4 juillet.

Des débats importans ont fourni à l'assemblée l'occasion de signaler d'une manière éclatante les vœux de la nation, et l'énergie avec laquelle ses représentans sauront toujours défendre les libertées protectrices de l'indépendance et de la tranquillité des peuples; nous voulons parler de la *discussion du projet de loi sur l'établissement de la censure*. Cette discussion vive et agitée prolonge la séance beaucoup au-delà de l'heure accoutumée. Parmi les orateurs qui ont défendu patriotiquement la liberté de la presse, se sont distingués MM. d'Alberti, secrétaire d'état, Orlandi, Conrad Molo, Galli, Trefogli, Paunamento fils, Rossi-Pietro. Le projet de censure a été défendu par MM. les landammaun Lotti et Quadri et par M. le curé Calguri, président de la commission chargée de l'examiner. Le résultat a été le rejet du projet de loi, à la majorité de 61 voix contre 5.

Avant que la discussion ait eu lieu, des citoyens tessinois avaient publié et adressé aux membres du grand conseil des *Observations* sur le projet en question. Si les argumens présentés dans ce Mémoire avec une grande force de logique, ne sont pas neufs on ne peut du moins pas dire qu'ils soient usés, tant qu'on voit faire des efforts inouïs pour rétablir des entraves à la pensée qui auraient dû tomber à jamais devant ces argumens, si l'on savait rougir de ce qu'on reconnaît une raison d'état opposée à la raison, aux premiers élémens de la morale et du bon sens. Le genre d'ennemis que les auteurs du Mémoire ont à combattre est facile à deviner par le premier point sur lequel ils portent leur attention, en démontrant que la religion a plus gagné que perdu à la libre émission de la pensée, droit aussi inhérent à la nature humaine que celui de remuer ses membres. « Il est impossible, disent-ils, que le vrai ne finisse pas toujours par sortir victorieux de toute lutte avec le faux, et que son empire ne s'augmente pas de tout ce qu'on veut lui faire perdre. » Sous le point de vue politique, ils font voir avec la dernière évidence que la liberté de la parole et de la presse est aussi vitale pour les Etats représentatifs qu'elle serait absurde dans un Etat despotique. Passant de la théorie à la pratique, « il est démontré, disent-ils, qu'il ne peut y avoir de véritable représentation nationale, là où il n'y pas la liberté entière de la pensée, de la parole, et par conséquent de la presse. Cette faculté une fois confisquée à l'universalité des citoyens au profit de la seule autorité, il arrivera, par la tendance naturelle de l'homme vers l'égoïsme, que l'autorité se servira de cet instrument régulateur et interprète de l'opinion et du sens moral des peuples, pour pervertir cette opinion, pour altérer ce sens moral; puis, faisant pencher de son côté la balance des pouvoirs, elle finira par se jouer de l'esprit de garanties constitutionnelles, et par réduire la représentation nationale en un vain nom. »

(Rognure du *Journal des Débats.*)

ESPAGNE.

Madrid, 1 *juillet.*

Le comte de Torre-Alta était le nouveau gouverneur que les conjurés carlistes s'étaient choisi. Ce militaire, qui d'ailleurs, pendant notre révolution, a rendu de grands services au Roi, s'était déjà trouvé compromis dans la révolte de Bessières, fait pour lequel il avait été exilé de Madrid.

(Rognure du *Journal des Débats.*)

FRANCE.

Angoulême, 5 *juillet.*

Nous croyons devoir publier la lettre suivante, qui rend un compte détaillé des préliminaires de la lutte électorale. Aucun des journaux de France n'aurait pu entrer dans ces détails.

Le ministère avait primitivement jeté les yeux sur M. de Villeneuve, préfet actuel à Nantes, et ancien préfet de la Charente, pour remplacer M. de Montleau, député du grand collège de la Charente. M. de Villeneuve, quoique ministériel par sa position, aurait probablement réuni la majorité des suffrages. Ses talens administratifs, l'aménité de son caractère, et les services particuliers qu'il avait été à même de rendre dans le département, lui avaient concilié l'estime et l'affection de ses anciens administrés. Le marquis de Villeneuve était celui dont l'élection offrait le plus de chances de succès. On croyait savoir que, le 27 mai, un personnage auguste s'était approché du marquis de Villeneuve à Saint-Cloud, et lui avait dit : « Je viens de parler à votre « frère, vous allez être en famille à la Chambre ; « j'espère y voir bientôt un Villeneuve de plus ; « je le désire beaucoup. »

En effet, une ordonnance royale du 29 mai nomme M. de Villeneuve, préfet de Nantes, président du collège du département de la Charente. Les paroles que je viens de vous rapporter étaient aussi publiques dans le département que si elles avaient été insérées dans les journaux. Les nombreux amis de M. de Villeneuve s'en réjouirent ; mais ce n'était point le compte de tout le monde ; les talens de M. de Villeneuve portaient ombrage, on redoutait ses qualités personnelles, ainsi que la grande considération méritée dont il jouissait. Le département lui aurait nécessairement assigné un rang important à certaines médiocrités. Il fallait un homme insignifiant, une sorte de mannequin qui reçût le mot d'ordre. On ne sait quels moyens furent mis en usage, mais M. le préfet de la Charente reçut tout à coup l'ordre de ne plus favoriser cette élection, et de faire porter tous les suffrages sur M. de Chataigner, maire d'Angoulême, et qui passe pour l'un des membres les plus zélés de la congrégation. On assure que M. de Chataigner avait d'abord refusé cet honneur, par la crainte de déranger sa fortune, qui n'est pas considérable ; mais M. Descordes, député, qui connaît bien la vie de Paris, l'a rassuré à cet égard.

M. de Chataigner a des chances de succès par la manière dont les listes ont été arrangées. Il y aura des réclamations nombreuses....

Le candidat libéral est M. Gélibert, médecin très-instruit, fort indépendant, d'un esprit mûr et réfléchi. On parle aussi de M. de Kératry, et assez peu de M. Albert. Les libéraux ne sont guère que soixante et quelques. Les candidats royalistes-constitutionnels-indépendans, et par cette raison, repoussés par le ministère, sont M. de Lalot, assez connu de la France pour qu'il ne soit pas besoin de faire connaître ici tous ses titres à la confiance des électeurs amis de leur pays; de Touchembert, membre du conseil-général, possesseur d'une belle fortune, sans ambition personnelle, dévoué à l'auguste famille des Bourbons, et fortement attaché aux institutions qu'elle nous a données; il est allié par sa femme à l'illustre famille de La Rochefoucault; enfin, M. Rousseau, officier émigré, très-indépendant par son caractère et par sa fortune.

Pour faire réussir le candidat ministériel, les pratiques ordinaires ont eu lieu dans la confection des listes. Cependant, si les libéraux, qui sont en minorité, et les royalistes indépendans voulaient s'entendre, il n'est pas douteux qu'ils feraient sortir de l'urne le nom de M. de Lalot, si redouté du ministère.

Depuis la réception de cette lettre, les nouvelles les plus rassurantes sont arrivées. Tout permet de penser que les oppositions se sont entendues; qu'un homme dont la vie se compose de gages courageux donnés aux libertés publiques et à la maison royale aura réuni les suffrages de la majorité. On ne doute plus de la nomination de M. Delalot.

Toulouse, 3 *juillet*.

— Madame la comtesse de Villèle est attendue dans nos murs. La lettre qui donne cette nouvelle, et que nous avons sous les yeux, ajoute : La préfecture seule reste occupée ; la ville devient déserte : c'est comme une seconde inondation de la Garonne.

Paris, 12 *juillet*.

— La censure, ne respectant pas le seing d'un duc et pair, a interdit aujourd'hui aux feuilles publiques l'insertion de la lettre suivante.

A M. le Rédacteur du...

Monsieur,

Permettez-moi de me servir de votre journal pour exprimer ma profonde et sensible reconnaissance des nombreux témoignages d'estime et d'amitié que j'ai reçus de mes honorables frères d'armes de l'ancienne garde nationale parisienne. Étant dans l'impossibilité de répondre aux lettres multipliées et aux marques de bienveillance dont chaque jour ils daignent m'honorer, depuis l'opinion que j'ai prononcée le 19 juin à la Chambre des Pairs, souffrez, monsieur, que je leur adresse ici mes remerciemens et l'hommage des entimens que leur approbation m'inspire, et que je les supplie de croire que mon dévouement et ma reconnaissance égalent mon respectueux attachement et mon admiration pour cet illustre corps dont la patrie garde le souvenir avec gloire et douleur.

Agréez, monsieur, l'assurance de mes sentimens et de ma considération très-distinguée,

Le duc DE CHOISEUL.

— La censure n'a pas permis de dire que M. Genoude, reçu par le roi en audience particulière, était rédacteur en chef de *l'Étoile*.

— La censure n'a pas permis à *la Revue Musicale* de s'occuper des changemens médités dans l'administration de l'opéra. On sait que le projet est de charger de cette administration la ville de Paris et son budjet.

— La censure n'a pas permis la transcription de ce toast de M. le consul américain dans le dîner qui célébra l'anniversaire de l'indépendance des Etats-Unis :

12e toast : A notre pays ! La chaîne que je traîne s'appesantit à chaque pas.

— La censure a permis au *Courrier Français* et n'a point permis aux *Débats* de répéter, à l'occasion du même dîner, ces mots : debout et en silence : A la mémoire de Washington.

— La censure a rayé au *Courrier Français*, dans le récit d'un orage affreux, la ligne suivante : On a sonné la cloche pendant l'orage.

— La censure n'a pas permis, dans le récit de la fête donnée à M. de Beaumont par ses concitoyens, l'adjonction de ce cri : Vivent les députés indépendans ! à ceux de Vive le Roi ! et Vive la Charte ! Alors, le journal s'est censuré à son tour et a supprimé par compensation le cri de Vive le Roi ! le dernier seul est resté. Ceci est toute la censure.

— La censure supprime avec un soin particulier les citations de Montesquieu.

— Les Variétés littéraires, supprimées au *Journal des Débats* tout entières par la censure, se composaient du second article de M. F**** sur la dissertation historique de M. l'abbé Guillon, relative à l'identité du roi Raoul et de quelque Rodolphe sous la seconde race.

— M. l'abbé Tharin est arrivé à Paris trois jours après la suppression de la liberté de la presse. On a dit que c'était la censure qui faisait revenir le noble prélat. Si le noble prélat avait reparu quatre jours plus tôt, on n'aurait pas manqué de dire que c'était lui qui avait fait venir la censure. Voilà bien l'injustice des hommes et les *circonstances graves* qui motivent l'abolition de la parole d'un pôle à l'autre.

— On parle fort aujourd'hui du refus fait par M. Olivier, conseiller à la Cour de Cassation, d'accepter la succession de M. de Broë dans le conseil de surveillance de la censure. Il est remarquable qu'à deux reprises le ministère ne sache pas réussir à former une commission de sept membres. On doit reconnaître qu'il y a décidément bien de la gaucherie d'une part, et de l'autre peu de bonne volonté pour la censure.

— On parlait aujourd'hui de la retraite de M. le garde des sceaux. Rien n'autorise à croire cette bonne nouvelle.

— On croit généralement que la subite démission donnée par M. le vicomte de Villèle de sa charge de conseiller-auditeur près la Cour royale de Paris, et son brusque départ de Paris, le jour même que l'ordonnance de censure a paru dans le *Moniteur*, se liaient à des considérations politiques. Ce jeune magistrat a mérité par la rectitude de son jugement, la loyauté de son caractère et la simplicité de ses mœurs, de laisser des regrets sincères au sein de l'illustre compagnie dont il a voulu cesser d'être membre.

— Tout le monde a remarqué que des citoyens importans ne pouvaient obtenir sous l'empire de la censure le redressement de faits qui intéressent leur existence politique. La censure établie, a-t-on dit, contre la diffamation et le mensonge, nous a donné déjà le mensonge privilégié et la diffamation officielle Ceci est dans le règne de son patelinage, quand le ministère joue la liberté. On demande ce qu'il fera quand il jouera la tyrannie.

POST-SCRIPTUM.

Mercredi soir.

La nouvelle du refus fait par M. Olivier, conseiller à la Cour de cassation, de coopérer aux travaux de la censure, en siégeant dans le conseil de surveillance, s'est confirmée. La magistrature restera sans tache. La censure n'a pas permis d'annoncer cette bonne nouvelle.

— La censure n'a permis à aucun journal l'insertion des faits suivans :

Nous avons inséré dans notre numéro du 23 juin une lettre de M. Noël fils, où il accusait

M. le préfet de Seine-et-Marne de l'avoir privé arbitrairement de son droit électoral. Deux autres électeurs du même département, MM. Lucy, se trouvent, à ce qu'il paraît, dans le même cas que M. Noël. Voici la plainte qu'ils ont remise tous trois à M. le procureur du roi, à Melun, le 29 juin dernier, contre M. le préfet de Seine-et-Marne :

A M. le procureur du Roi près le tribunal de Melun.

Melun, 29 juin 1827.

« Louis-Charlemagne-Antoine Lucy, propriétaire, domicilié à Mitry, canton de Claye, arrondissement de Meaux ;

« Alexandre Lucy, propriétaire, demeurant à Dammartin, même arrondissement ;

« Et Jacques-Étienne Noël, propriétaire, domicilié à Champs, canton de Lagny, même arrondissement ;

« Tous électeurs de l'arrondissement de Meaux (Seine-et-Marne) ;

« Ont l'honneur de vous exposer que le sieur comte de Goyon, préfet dudit département, a commis l'attentat à l'exercice de leurs droits civiques, prévu par l'article 114 du Code pénal, en rayant de la liste des électeurs de l'arrondissement de Meaux, le 17 juin 1827, les noms des susnommés, sous le frivole prétexte du défaut de justification de leur domicile politique actuel.

« Cette justification n'a jamais été exigée, ni par la loi, ni par les instructions ministérielles, ni par les arrêtés et avis officiels donnés par M. le préfet lui-même à ses administrés, notamment par celui du 8 mai dernier.

« La justification du domicile politique ne pouvait être demandée par M. le préfet à l'égard des électeurs, puisque, s'agissant de domicile politique, elle ne peut avoir lieu que par une déclaration faite devant lui.

« Nous étions en possession de nos droits d'élection dans l'arrondissement de Meaux, bien avant la promulgation de la loi du 25 février 1817.

« D'après les instructions de M. Lainé, alors ministre de l'intérieur, ce domicile nous était irrévocablement acquis, et nous ne pouvions le perdre, même par un changement de domicile civil ou réel, qu'en faisant la déclaration prescrite à la préfecture.

« Les instructions ministérielles de 1820, la jurisprudence du conseil-d'Etat, y sont conformes : si l'on avait pu ou voulu exiger cette justification, on aurait dû en avertir les électeurs, soit par l'arrêté du 8 mai, soit par la liste rectificative, publiée après la liste générale.

« C'est donc intentionnellement, c'est par surprise que, le jour seulement de la clôture des listes, M. le préfet a prononcé notre élimination dans un moment où il n'y avait plus de remède, et c'est par l'oubli patent de ses devoirs qu'il a opéré ce retranchement.

« Pour quoi nous rendons plainte d'un fait alarmant pour les libertés publiques, et qui mérite la vindicte des lois, afin qu'il ne puisse plus se renouveler.

« Nous requérons qu'il en soit informé conformément à la loi ; et à cet effet, nous déclarons nous porter parties civiles, nous engageant à suivre l'effet de ladite plainte par le dépôt d'une requête au Roi en son conseil, pour faire cesser l'obstacle résultant de l'article 75 de la Constitution abrogée du 22 frimaire an VIII (13 décembre 1799).

« *Signé* L. LUCY, A. LUCY, et NOEL. »

— La censure a interdit aux petits journaux toute plaisanterie sur la girafe. Monseigneur le pacha ne sera pas insensible à cette courtoisie.

— La censure n'a pas permis d'annoncer le présent envoi de la girafe au pacha d'Egypte. Monseigneur le pacha demandera des explications sur cette offense. Il pourrait arriver que Son Altesse joignît ses armes à celles du dey d'Alger, et les mépris de l'Espagne, proclamés par le ministère de France lui-même, permettent aux Egyptiens d'espérer que S. M. C. ferait cause commune avec eux. Ce serait pour la France une circonstance grave.

POLÉMIQUE.

— Plusieurs brochures ont paru depuis la renaissance de la censure. Le public n'a pas besoin qu'on l'entretienne des belles pages de M. de Châteaubriand. Les écrits du noble pair ne sont pas de ceux qu'on loue, mais de ceux qu'il faut toujours lire et relire. Une cause qui est ainsi défendue ne risque pas de périr.

— M. Pagès a publié, sous le titre de Lettre à M. de Lourdoueix, président de la commission de censure, une philippique remarquable par la chaleur de son indignation. Cette indignation trouve une explication particulière dans les faits dont l'auteur se plaint. On voudrait pouvoir transcrire ses pages brûlantes de colère et de mépris. Editeur de *la France chrétienne*, journal politique du côté gauche, il signale le plus audacieux attentat qui se puisse imaginer.

La censure refuse de viser ses feuilles. Les huissiers lui refusent leur ministère pour sommer les censeurs de faire leur métier. C'est ce que M. de Châteaubriand appelle le déni de censure, le déni d'esclavage. Ainsi voilà un journal supprimé, une propriété particulière détruite, une tribune publique renversée par le bon plaisir d'un censeur. On ne savait pas que le *nous* extraordinaire d'une ordonnance royale recevrait cette interprétation et cette latitude. Il est bien d'observer qu'ici il y a renversement de la lettre et de l'esprit de toutes les lois.

— MM. Méry et Barthélemy, infatigables à traiter la satire comme le ministère à l'alimenter, ont publié une brochure en vers sur la censure. On ne parlera pas ici de cet écrit. On ne saurait y voir de bonnes pages, si par hasard il y avait une mauvaise action.

Cette expression est-elle trop sévère pour le tort qu'ont eu les auteurs de maintenir parmi les noms qu'ils poursuivent de leurs traits ceux des honorables professeurs qui ont montré leur respect pour les lettres en refusant leur concours à l'oppression de la pensée? Il valait mille fois mieux brûler tout l'opuscule que conserver cette page ingrate et inique. Il y a là une légèreté injurieuse qui sent l'ancien régime. Que ceux qui le combattent avec le plus d'ardeur ne soient pas les premiers à l'imiter.

— M. Alexis de Jussieu, jeune avocat qui porte dans la politique et le barreau un nom célèbre dans les sciences, a fait paraître un écrit intitulé : *Comment se font les révolutions.* On y trouvera de la verve et de l'ame. Cet écrit se vend au prix modique de 25 cent. L'auteur rapporte que les censeurs ont, pour rentrer le soir dans leurs foyers, des fiacres et des gendarmes à leurs ordres. Si on n'avait pas détruit la garde nationale, ces douze légions auraient pu être employées à protéger les six illustres vies.

— M. de Salvandy publie ce matin une *lettre à M. le rédacteur du Journal des Débats* sur l'état des affaires publiques. On sait qu'il prend les choses de plus loin et de plus haut que la censure. C'est tout ce qu'il nous est possible de dire d'un écrit qui n'a pas encore paru.

— On annonce des brochures de M. Hyde de Neuville, de M. Jay, de M. de Kératry. M. Hyde de Neuville a de nouveaux témoignages de dévouement à donner dans les circonstances pénibles où est la France, et c'est un devoir auquel il ne sait pas manquer. M. Jay ne se contente pas des colonnes opprimées d'un journal pour faire arriver ses opinions au public. M. de Kératry fera difficilement quelque chose d'aussi puissant de raison et de dignité que l'admirable discours dont la France gardera long-temps le souvenir.

LITTÉRATURE HISTORIQUE.

La censure ne permet pas d'annoncer un ouvage fort inoffensif, fort étranger aux circonstances graves du jour, mais où l'inquisition n'est pas célébrée. Ce sont les Mémoires de DON JUAN VAN HALEN, chef d'état-major d'une des divisions de l'armée de Mina, en 1822 et 1823 (1).

Dans un temps fécond comme le nôtre en grandes catastrophes, et où l'importance des individus disparaît presque entièrement devant la gravité des faits, il faut que l'histoire d'un homme se recommande par une ré-

---

(1) La première partie, contenant le récit de sa captivité dans les cachots de l'inquisition d'Espagne en 1817 et 1818, de son évasion, etc, accompagnée des pièces justificatives, et ornée du portrait de l'auteur, des fac-simile des signatures des inquisiteurs, etc. 1 vol. in-8°, prix : 7 francs. Chez Jules Renouard, libraire, rue de Tournon, n. 6. (La seconde partie est sous presse, et paraîtra très-prochainement.)

union d'événemens bien étranges et par une physionomie bien originale, pour ne point passer inaperçue. C'est sous cet aspect que se présentent les Mémoires de D. Juan Van Halen.

Associé à tout ce que l'Espagne renfermait de citoyens secrètement unis pour faire triompher la cause de la liberté ; jeté dans les cachots de l'inquisition, et, par une exception cruelle, soumis à la question, alors que depuis un siècle l'inquisition laissait reposer ses instrumens de torture; délivré d'une manière miraculeuse; puis bravant, pendant quatre mois, les inquisiteurs au sein même de la capitale jusqu'à ce que l'expatriation le conduisît, accompagné d'un ami dévoué, sur le rivage d'Angleterre : voilà, en quelques mots, la première période de la vie de Van Halen.

La seconde partie offrira des scènes d'un intérêt différent. On y voit Van Halen à Pétersbourg, à Moscou, à Téflis, combattant, à la tête d'une colonne russe, sur les sommets du Caucase. C'est là qu'il reçoit la nouvelle de la révolution de son pays, dont mille lieux le séparent.

Il s'empresse de partir accompagné des vœux du général Yermolow, dont il avait conquis l'estime, et, après quarante jours de luttes contre la police autrichienne, il arrive au pied des Pyrénées, prêt à verser de nouveau son sang pour sa patrie.

Rentré en Espagne, à peine uni à la sœur de Quiroga, on le voit défendre sans relâche, en Catalogne, la cause pour laquelle il avait déjà tant souffert, et payer son dévouement par un nouvel exil.

Le récit d'événemens si multipliés, si variés, si poétiques, ne peut être indigne de l'attention du public. On sentira, après la lecture de cet ouvrage, que l'auteur a fait preuve de bon esprit, en ne cherchant pas à relever, par des ornemens étrangers, la simplicité du récit. Quant aux pièces justificatives, on aurait pu, sans doute, les multiplier davantage; mais on a voulu se borner à celles qui ont paru indispensables, ou qui présentent par elles-mêmes un puissant intérêt.

Si les deux premières parties de ces Mémoires reçoivent un accueil favorable, nous espérons que l'auteur publiera la troisième, dont la dernière guerre de Catalogne doit former le principal objet.

FIN.

IMPRIMERIE DE H. FOURNIER,
RUE DE SEINE, N. 14.

www.ingramcontent.com/pod-product-compliance
Ingram Content Group UK Ltd.
Pitfield, Milton Keynes, MK11 3LW, UK
UKHW020959220726
13924UKWH00002B/793

9 782019 690915